Erika Bock

Tischlichter für Advent & Weihnachten

CHRISTOPHORUS
BRUNNEN-REIHE

Inhalt

Advent, Advent ...

Endlich ist es ist wieder soweit, Weihnachten steht vor der Tür: Die geheimnisvollste und gleichzeitig gemütlichste Zeit des Jahres. Nachdem meine bisherigen Tischlichter und Tischlaternen so viele Freunde gefunden haben, habe ich mir diesen besonderen Band mit Motiven rund um die Weihnachtszeit ausgedacht. Zaubern Sie mit Ihren Kindern eine stimmungsvolle Atmosphäre ins Haus. Die Freude kommt nicht erst beim Anzünden der Kerzen auf, sondern bereits beim Basteln.

Auch diesmal sind alle Motive wieder schnell und einfach herzustellen, damit Kinder schon tatkräftig mithelfen können. Denn was ist schöner als nach getaner Arbeit die selbstgebastelten Lichter in hellem Glanz auf dem weihnachtlichen Tisch leuchten zu sehen? Wenn Sie parfümierte Teelichter verwenden, können Sie sich zusätzlich noch einen weihnachtlichen Duft ins Zimmer holen. Alle Motive eignen sich auch als Geschenk oder als Geschenkaufleger. So kann man ohne großen Aufwand viel Freude bereiten.

Viel Freude beim Basteln
wünscht Ihre

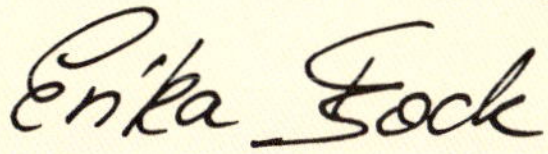

So gehts

Vorlagen übertragen

Kohlepapier zwischen Vorlage und Fotokarton legen und das Motiv durchpausen.

HILFSMITTEL

Kohlepapier, Bleistift, Filzstift in Schwarz, Schere, Cutter (nicht für Kinder) und Unterlage, Klebstoff, z. B. UHU Alleskleber, Lineal

Tischlichter

1 Alle Teile ausschneiden. Den inneren Kreis, in den das Teelicht eingesetzt wird, nicht ausschneiden, sondern mit dem Cutter sternförmig einschneiden.

2 Damit sich der Fotokarton leichter knicken lässt, den Kreis mit der geöffneten Scherenspitze leicht anritzen.

3 Die Zacken nach innen knicken und die Spitzen abschneiden. Das Teelicht einstecken. Bitte beachten: Die Größe der im Handel erhältlichen Teelichter ist nicht einheitlich.

TIPP

Das Teelicht immer in der Mitte des Kästchens platzieren.

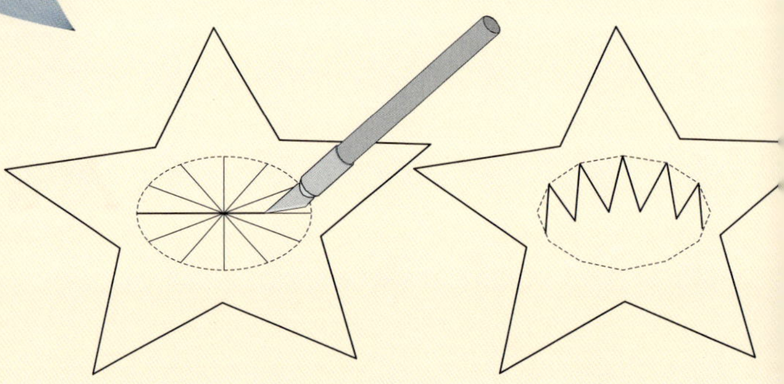

Laternen mit Kästchen

1 Zuerst die inneren Konturen des Motivs, dann die Umrisse ausschneiden.

2 Den Ausschnitt mit Transparentpapier hinterkleben.

3 Für das Kästchen, welches das Teelicht aufnimmt (Vorlage A), die Strich-Punkt-Linien einschneiden und die gestrichelten Falzlinien anritzen.

4 Den Fotokarton an der angeritzten Stelle knicken.

5 Die Enden der Längsseiten nach innen legen und mit den Kopfseiten zusammenkleben.

6 Das Laternenmotiv an beide Längsseiten des Kästchens kleben.

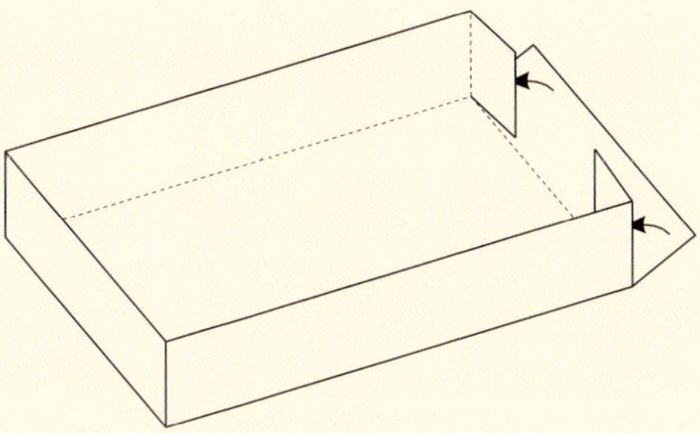

ACHTUNG!

Kinder nie mit brennenden Teelichtern unbeaufsichtigt lassen. Teelichter nur mit den vorgesehenen Metallbehältern verwenden.

Haus und Kirche

Material

Rote Kirche

- Fotokarton in Rot, Dunkelgrün
- Regenbogen-Transparentpapier
- Hologrammfolie in Rot
- ovale Käseschachtel
- Teelichter

Blaue Kirche und blaues Haus

- Fotokarton in Blau, Weiß
- Hologrammfolie
- Regenbogen-Transparentpapier
- Teelichter

Vorlage B

Rote und blaue Kirche

1 Den Motivstreifen vom Vorlagebogen auf roten bzw. blauen Fotokarton übertragen und ausschneiden. Innenkonturen mit dem Cutter ausarbeiten.

2 Tannenbäume und bei der blauen Kirche den Schnee aufkleben.

3 Die Glocke aus Hologrammfolie ins Giebelfenster kleben.

4 Jede Seite der Kirche einzeln mit Transparentpapier hinterkleben.

5 Die fertigen Motivstreifen der roten Kirche der ovalen Käseschachtel anpassen.

Haus

Das Haus wie die Kirche (Schritte 1, 2, 4) ausarbeiten.

Nikolaus

Material

- Fotokarton in Dunkelgrün, Rot, Gelb, Beige, Weiß
- Transparentpapier in Gelb
- Goldkordel, ca. 12 cm lang
- Rest von Hologrammfolie in Rot
- Filzstifte in Rot, Schwarz
- Teelichter

Vorlage C

1 Alle Motivteile zweimal vom Vorlagebogen übertragen und ausschneiden. Die Sterne mit dem Cutter ausarbeiten.

2 Die Außenkontur des Tannenbaums auf das Transparentpapier zeichnen und unterhalb der Bleistiftlinie ausschneiden. Den Tannenbaum damit hinterkleben.

3 Das Gesicht des Weihnachtsmannes auf den Bart kleben, Mund und Augen aufzeichnen. Nase und Schnurrbart anbringen.

4 Hände und Kopf von vorn, die Mütze von hinten an den Tannenbaum kleben.

5 Die Kordel um den Sack binden, Flicken aufkleben und den Sack am Baum fixieren.

Blaue Tischlichter

Material

Glocke

- Sternchen-Wellpappe in Blau
- Mikro-Wellpappe in Gold
- Schleifenband in Gold
- Teelichter

Stern

- Fotokarton in Blau
- Schleifenband in Silber
- Teelicht

Mond

- Alu-Bastelkarton in Blau
- Schleifenband in Gold
- Teelicht

Vorlage D

Glocke

1 Glocke und Blätter vom Vorlagebogen auf die Sternchen-Wellpappe übertragen und ausschneiden.

2 Die Kreise mit dem Cutter sternförmig einschneiden.

3 Das Band zu einer Schleife binden und mit den Blättern auf die Glocke kleben.

Stern

1 Den Stern nach der Vorlage aus Fotokarton ausschneiden.

2 Mit dem Cutter Schlitze in Breite des Schleifenbandes einschneiden und das Band einflechten.

3 Aus 10 cm langem Band eine Schleife legen und auf den Stern kleben.

4 Das Teelicht einpassen (siehe Seite 4).

Mond

1 Den Mond aus Alu-Bastelkarton ausschneiden.

2 Mit dem Cutter Schlitze in Breite des Schleifenbandes einschneiden und das Band einflechten.

3 Aus 10 cm langem Band eine Schleife legen und anbringen.

4 Das Teelicht einpassen (siehe Seite 4).

Weihnachtssterne

Material

- Fotokarton in Dunkelgrün, Rot, Weiß
- Klebesterne in Gold
- Lackstift in Gold
- Teelichter

Vorlage E

1 Den Weihnachtsstern vom Vorlagebogen auf roten oder weißen sowie auf grünen Fotokarton übertragen und ausschneiden.

2 In die dunkelgrünen Blätter einen Kreis für das Teelicht schneiden. Bei der oberen weißen oder roten Blätterform das Teelicht wie auf Seite 4 beschrieben einpassen.

3 Die Konturen mit goldfarbenem Lackstift nachzeichnen.

4 Die dunkelgrünen Blätter versetzt unter die roten oder weißen Blätter kleben. Mit Klebesternen verzieren.

Kerzenlaternen

Material

Rundlaterne

- Regenbogen-Transparentpapier
- runde Käseschachtel
- Tonpapier in Rot, Gelb, Blau, Grün
- Hologrammfolie oder Klebesterne in Silber
- Filzstift in Schwarz
- Teelicht

Rechtecklaterne

- Fotokarton in Rot
- Tonpapier in Grün, Gelb, Orange
- Regenbogen-Transparentpapier
- Klebesterne
- Filzstift in Schwarz
- Teelicht

Vorlage F

Rundlaterne

1 Die Motivteile vom Vorlagebogen übertragen und ausschneiden.

2 Aus Regenbogen-Transparentpapier einen ca. 15 cm langen Streifen schneiden. Die Länge ermitteln: Den Streifen einmal um die Käseschachtel legen und 1 cm Kleberand zugeben. Den Streifen festkleben.

3 Die Kreisfläche des Schachteldeckels herauslösen und den so erhaltenen Ring als Verstärkung oben in die Laterne einkleben.

4 Tannengrün, Kerze, Flamme und Sterne aufkleben. Mit schwarzem Filzstift die Strahlen und den Docht aufzeichnen.

Rechtecklaterne

1 Den Motivstreifen nach der Vorlage ausschneiden. Die Innenkonturen mit dem Cutter ausarbeiten.

2 Die Außenkontur des Motivs auf Regenbogen-Transparentpapier zeichnen und unterhalb der Bleistiftlinie ausschneiden. Jede Seite einzeln hinterkleben.

3 Die gestrichelten Falzlinien mit der Schere leicht nachfahren, falzen und an der Klebenaht zusammenkleben.

4 Tannengrün, Kerze, Flamme und Klebesterne aufkleben. Den Kerzendocht mit einem schwarzen Filzstift aufmalen.

Oh Tannenbaum ...

Material

Weihnachtsbaum mit Kugeln

- Fotokarton in Dunkelgrün
- Klebepunkte in Rot, 8 mm Ø
- Lackstift in Gold
- Teelicht

Glänzende Tannenbäume

- Alu-Bastelkarton in Grün, Silber
- Schleifenband, ca. 12 cm
- Klebesterne
- Teelichter

Weihnachtsbaum mit drei Kerzen

- Fotokarton in Dunkelgrün und Rot
- Klebepunkte inRot, 8 mm Ø
- Klebesterne
- Lackstift in Gold
- Teelichter

Vorlage G

Weihnachtsbaum mit Kugeln

1 Den Tannenbaum vom Vorlagebogen auf Fotokarton übertragen und ausschneiden.

2 Den inneren Kreis für das Teelicht mit dem Cutter einschneiden.

3 Die Girlande mit Goldstift aufmalen und die Klebepunkte als Christbaumkugeln aufkleben.

Glänzende Tannenbäume

1 Den Tannenbaum jeweils vom Vorlagebogen auf Alu-Bastelkarton übertragen und ausschneiden.

2 Das Teelicht einpassen (siehe Anleitung Seite 4).

3 Den Tannenbaum mit einer Schleife, einem Stern aus Hologrammfolie oder Klebesternchen ausschmücken.

Weihnachtsbaum mit drei Kerzen

1 Den Tannenbaum vom Vorlagebogen auf Fotokarton übertragen und ausschneiden.

2 Die Teelichter einpassen (siehe Anleitung Seite 4).

3 Die Girlande mit Goldstift aufmalen. Christbaumkugeln (Klebepunkte), Geschenkpaket und Sternchen aufkleben.

Nikolausstiefel

Material

- Fotokarton in Rot, Grau, Blau, Dunkelgrün, Gelb
- Transparentpapier in Rot
- Filz in Weiß
- Klebesterne in Gold
- Lackstift in Gold
- Filzstift in Schwarz
- Teelicht

Vorlage H

1 Alle Motivteile nach den Vorlagen ausschneiden. Die Innenkontur des Stiefels mit dem Cutter ausarbeiten.

2 Den äußeren Umriss des Stiefels zweimal auf Transparentpapier zeichnen und unterhalb der Bleistiftlinie ausschneiden. Beide Motivteile damit hinterkleben.

3 Filzstreifen am Stiefelschaft ankleben.

4 Das Mäuschen ausarbeiten: Das Gesicht aufmalen, Pfoten und Kopf auf den Stiefel kleben.

5 Stern und Tannenbaum hinter den Stiefelrand kleben. Die Schleife auf das Geschenkpaket zeichnen und das Paket hinzufügen. Den Stiefel mit aufgemalten Nähten und Klebesternen verzieren.

6 Nach Anleitung von Seite 5 ein Kästchen anfertigen, dabei eventuell die Innenkontur des Stiefels am Kästchenrand nachschneiden. Beide Motivseiten an das Kästchen kleben.

Glocken und Mond

Material

Glocken

- Fotokarton in Dunkelgrün, Rot, Gelb
- Klebesterne in Gold
- Teelichter

Mond

- Fotokarton in Gelb
- Hologrammfolie
- Holzfertigteil Teddy
- Teelicht

Vorlage I

Glocken

1 Die einzelnen Motivteile vom Vorlagebogen auf Fotokarton übertragen und ausschneiden.

2 Die Ilexblätter an der Rückseite der Glocke festkleben.

3 Schleife und Stern auf der Vorderseite aufkleben. Den Klöppel anbringen.

4 Das Teelicht einpassen (siehe Anleitung Seite 4).

Mond

1 Die Mondsichel vom Vorlagebogen auf Fotokarton übertragen und ausschneiden.

2 Sterne aus Hologrammfolie und Teddy aus Holz festkleben.

3 Das Teelicht einpassen (siehe Anleitung Seite 4).

Schneemann

Material

- Fotokarton in Weiß
- Tonpapier in Rot
- Pünktchen-Fotokarton in Blau-Weiß
- Transparentpapier in Weiß
- Filzstift in Schwarz
- Teelicht

Vorlage J

1 Die Motivteile vom Vorlagebogen auf die verschiedenen Papiere übertragen und ausschneiden.

2 Die Außenkontur des Schneemanns zweimal auf Transparentpapier zeichnen und unterhalb der Bleistiftlinie ausschneiden. Beide Motivseiten damit hinterkleben.

3 Schal, Mütze, Handschuhe, Schuhe, Knöpfe und Nase anbringen und das Gesicht aufmalen.

4 Ein Kästchen für das Teelicht anfertigen (siehe Anleitung Seite 5) und die Schneemänner an dessen Vorder- bzw. Rückseite befestigen.

Sterne

Material

- Wellpappe in Gold
- Sternchen-Wellpappe in Weiß
- Bouillondraht in Gold
- Goldschnur, ca. 20 cm
- Klebesterne in Gold
- Teelichter

Vorlage K

1 Den Stern vom Vorlagebogen auf die Wellpappe übertragen und ausschneiden.

2 Das Teelicht einpassen (siehe Anleitung Seite 4).

3 Bouillondraht um die Zacken des Sterns führen. Goldschnur zur Schleife binden und aufkleben. Mit Klebesternen verzieren.

4 Einen Streifen von ca. 15 cm Breite und beliebiger Länge aus Wellpappe ausschneiden. Dabei den Verlauf der Rippen beachten.

5 Den Streifen an den Seitenrändern überlappend zu einer Röhre zusammenkleben. Den Stern auf eine der beiden Öffnungen kleben.

6 Einen ca. 10 cm breiten Streifen Wellpappe schneiden, er sollte 1,5 cm kürzer sein als der vorherige. Den Streifen zusammen rollen und in die Röhre des Tischlichts stecken, damit das Teelicht nicht durchrutschen kann.

Weihnachtsmänner

Material

Weihnachtsmänner

- Fotokarton in Rot, Weiß, Rosa, Blau, Dunkelgrün
- Filzstifte in Schwarz, Rot
- Teelichter

Nikolaussack

- Fotokarton in Gelb, Grün, Rot, Blau
- Reste von Fotokarton in verschiedenen Brauntönen
- Lackstifte in Gold, Weiß
- Teelicht

Vorlage L

Weihnachtsmänner

1 Die Motivteile nach der Vorlage aus Fotokarton ausschneiden.

2 Das Gesicht auf den Kopf kleben. Mund und Augen aufmalen. Nase und Schnurrbart anbringen. Den fertigen Kopf auf dem Körper befestigen.

3 Die Handschuhe auf der Rückseite der Ärmel festkleben. Ärmelaufschlag von vorn anbringen. Arme und Hosenaufschlag ankleben.

4 Das Teelicht einpassen (siehe Anleitung Seite 4).

Gefüllter Nikolaussack

1 Alle Motivteile vom Vorlagebogen übertragen und ausschneiden.

2 Krempe, Flicken, Herz und Zweig auf den Sack kleben.

3 Die Lebkuchen mit Lackstiften verzieren und an der Rückseite des Sacks anbringen.

4 Das Teelicht einpassen (siehe Anleitung Seite 4).

Material

Engel

- Fotokarton in Weiß, Gelb
- Alu-Bastelkarton in Gold, Kupfer
- Klebesterne in Gold
- Teelichter

Vorlage M

Weiße Tannen

- Fotokarton in Weiß
- Regenbogen-Transparentpapier
- Teelicht

Grüne Tannen

- Alu-Bastelkarton in Grün
- Fotokarton in Grün
- Regenbogen-Transparentpapier
- Teelicht

Vorlage N

Engel

1 Engel auf Glanzkarton übertragen und ausschneiden.

2 Die Haare auf den Kopf und den Stern unter die Hand kleben.

3 Das Teelicht einpassen (siehe Anleitung Seite 4).

4 Das Kleid mit Klebesternen verzieren.

Tannenwald

Abbildungen Seite 30/31

Weiße Tannen

1 Das Motiv nach den Vorlagen aus Fotokarton ausschneiden.

2 Das Regenbogen-Transparentpapier einzeln hinter jede Seite der Laterne kleben.

3 Falzlinie mit der Schere nachfahren, dann falzen.

4 Die Laterne am Kleberand zusammenkleben.

Grüne Tannen

1 Das Motiv aus Alu-Bastelkarton ausschneiden.

2 Die Außenkontur der Tannenbäume auf Regenbogen-Transparentpapier zeichnen und unterhalb der Bleistiftlinie ausschneiden. Die Ausschnitte der Laterne damit hinterkleben.

3 Aus Fotokarton ein Kästchen für das Teelicht anfertigen (siehe Seite 5). Die Seitenwände den Ausschnitten des Motivs anpassen.

Impressum

ISBN 3-419-56165-2

Neu bearbeitete Auflage 2000

Lektorat:
Elke Fox, Freiburg

Styling und Fotos:
Christoph Schmotz, Freiburg

Covergestaltung und Layoutentwurf:
Network!, München

Coverrealisierung:
smp, Freiburg

Produktion:
Internet @ Grafik Hofer, Salzburg

Druck:
Freiburger Graphische Betriebe

Wir sind für Sie da, wenn Sie Fragen zu AutorInnen, Anleitungen oder Materialien haben. Und wir interessieren uns für Ihre eigenen Ideen und Anregungen. Faxen, schreiben Sie oder rufen Sie uns an. Wir hören gerne von Ihnen!
Ihr Christophorus-Verlag

Christophorus-Verlag GmbH
Hermann-Herder-Str. 4
79104 Freiburg
Tel.: 0761/ 27 17-0
Fax: 0761/ 27 17-3 52
oder e-mail:
info@christophorus-verlag.de

Profi-Tipp der Autorin

Teelichter mit Glitzereffekt

Die gebastelten Tischlichter wirken noch festlicher, wenn Sie das Wachs mit kleinen Metallsternchen oder Glitzer verzieren. Erhitzen Sie die Teelichter mit Behälter im Backofen, bis die Hälfte des Wachses flüssig ist, und streuen Sie dann Sternchen oder Glitzerpulver ein.

Weitere Titel aus der Brunnen-Reihe

3-419-56163-6

3-419-56162-8

3-419-56161-X